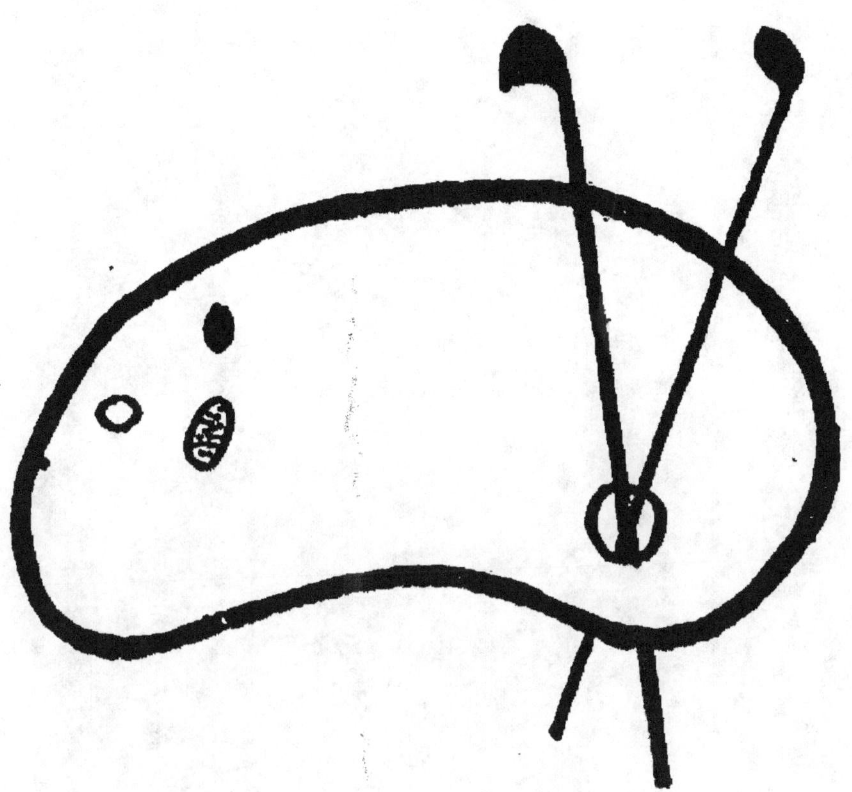

COUVERTURE SUPÉRIEURE ET INFÉRIEURE
EN COULEUR

Lk 9805.

MÉMOIRE

POUR DÉGAGER UNE QUESTION D'INTÉRÊT COMMUNAL.

MÉMOIRE

POUR

DÉGAGER UNE QUESTION D'INTÉRÊT COMMUNAL.

PAUL DAVID

1857.

TOULOUSE,
IMPRIMERIE V. SENS ET P. SAVY,
Rue Saint-Rome, 4.

MÉMOIRE

POUR

DÉGAGER UNE QUESTION D'INTÉRÊT COMMUNAL.

— ❦ —

Lorsqu'une situation est ébranlée au point de ne laisser apercevoir aucune solution prochaine, lorsque diverses causes concourent à une complication qu'un grand nombre est habile à déplorer, que presque personne n'est habile à comprendre, élever sa voix en faveur d'une vérité à rétablir, d'intérêts à montrer sous leur vrai jour, ne peut paraître qu'un devoir à remplir pour quiconque a sa part et de cette situation et de cette complication que d'ordinaire un hasard a fait surgir.

Quand un homme est atteint dans ce qu'il a de plus intime, il doit éclairer plus que poursuivre ses adversaires, raconter plus que récriminer et, se produisant sans émotion, rattacher à lui tout sentiment, là même où il fut le plus hostile.

Heureux celui qui peut se taire, considérer en lui seul tout accident que lui amène la vie et grandir journellement, ne trouvant qu'aliment utile dans tout ce qui tendrait à l'affliger ou l'amoindrir !

Heureux celui qui n'attire aucun regard et, recueilli

en lui-même, peut librement sonder le fond de toutes choses, trouvant partout des enseignements qui mûrissent, qui élèvent tout en lui !

Si notre voix sort des limites ordinaires, ah ! sachons-le, il n'y a pas à se rechercher soi-même ; le dévouement seul doit tout produire : à ce seul titre, nous pouvons paraître moins importuns.

J'ai à parler d'une commune de 350 habitants, du nom le moins connu (Saint-Matré), qu'entraîne dans son orbite un chef-lieu de canton (Montcuq), dont l'influence se fait péniblement sentir sur ce point. Défendue jadis contre les ennemis du dehors par une redoutable forteresse, cette ville trouve aujourd'hui dans son sein des ennemis qui ne la minent pas avec moins d'ardeur que ne pût anciennement le faire l'inimitié la plus féroce.

On ignore généralement, soit d'un côté soit de l'autre, le vrai motif de ces luttes auxquelles il semble qu'on ne doit mêler quiconque s'écrie : Combien là de misères, combien de dégoûts !

Souvent le degré d'horreur que l'on exprime, n'est que la mesure du degré de participation que l'on prend à de telles misères, que l'on ne hait sincèrement que lorsque, en ayant étudié le principe, on le poursuit à outrance.

Je descends de ces hauteurs pour me renfermer dans les limites d'un hameau que vingt maisons composent.

J'ai eu l'honneur d'être là douze ans chef d'administration municipale. Comme cette administration me fut confiée, elle me fut enlevée ; je n'ai pas plus cherché à la retenir que je ne l'avais désirée. Qui pourrait désirer, qui voudrait retenir une position où peut s'accomplir si peu de bien, où l'homme cultivé éprouve si souvent de telles difficultés qu'il y a honte pour lui même à les combattre ?

Je m'étais dévoué et marchais soutenu par ce seul sentiment auquel tout-à-coup fut mis un terme.

Ce n'était pas tout que je me fusse dévoué, que j'eusse été frappé comme atteint d'un vice radicalement contraire à l'administration municipale, une nouvelle honte m'était encore réservée à quelque distance de là, contre laquelle il fallait protester ou ne plus s'estimer. J'ai accepté cette nouvelle tâche comme conséquence d'une première tâche acceptée.

A Dieu ne plaise que je veuille me plaindre, que j'aie pu me trouver autrement disposé envers l'autorité départementale, soit qu'elle m'honorât de sa confiance, soit qu'elle me la retirât. Accepter respectueusement ses arrêts, toujours honorer et servir cette autorité qui n'a pas à nous rendre compte de ses actes, sans quoi elle perdrait sa liberté, que l'on doit croire pleine de sagesse autant quand elle frappe que quand elle élève, telle n'a cessé d'être ma pensée à laquelle j'eus été infidèle si mon successeur à l'administration communale ne m'avait trouvé plein de respect, ne cessant de me renfermer dans les limites de mes droits et d'une légitime défense dans tout démêlé formé entre lui et moi.

Mais la commune dont les sympathies, nul ne le contestera, m'ont si généralement suivi pendant toute la durée de mon administration, n'est-elle pas atteinte dans toute attaque que je reçois ? N'ai-je pas à lui formuler quelque argument à opposer au besoin ? Ne serait-il pas temps, d'ailleurs, de dégager une question qui croît dans l'ombre et ne subsiste que grâce à l'obscurité dont on l'environne ?

Au conseil municipal étaient arrivées ayant doublé de violence les passions que je combattais étant maire. Là rien ne se discutait. Habituellement tout se réduisait à signer des délibérations inscrites d'avance, quel que fût le sujet à traiter, sur le cahier où il y aurait eu à les inscrire une fois mûries au milieu de nous. Ce n'est là qu'une partie des irrégularités qu'il y avait à subir. En outre, on ne pouvait, sans se heurter, considérer le moindre intérêt communal ; on se poursuivait par de gros mots ; chaque séance presque offrait quelque scandale qui n'affligeait personne plus que moi. Voulant tenter de se faire entendre, il fallait, à tout prix, hausser la voix, simuler une certaine violence de langage ; à ce seul titre un peu d'attention, et une réponse pouvaient etre obtenues.

A l'auberge du lieu s'entamait et se terminait toute délibération qu'on nous apportait, ayant passé par l'épreuve de quelque plume officieuse chargée d'illustrer l'aspect d'une assemblée communale.

Mais à l'auberge, les amis seuls avaient droit de présence et voix délibérative. Trois membres du conseil étions le profane vulgaire qui n'approche jamais le comité privilégié dont le Maire est l'âme ou au moins le soutien.

A titre de contre-poids, une pensée de bien public groupait ailleurs, de temps à autre, quelques amis ne délibérant pas, mais échangeant quelques paroles et s'encourageant dans des idées communes.

Comme première conception de la réunion préparatoire aux séances légales, nous arriva l'idée d'orner le chef-lieu de la commune par un champ de foire. Un foirail immédiatement fourni à de nombreuses foires qui ne pouvaient manquer d'arriver, c'était l'idée qu'il fallait accepter à tout prix, car là était le germe d'*immenses* destinées à attendre.

Vainement on objectait qu'il aurait pu économiquement être trouvé un espace pouvant suffire à des besoins ne se reproduisant encore qu'une fois annuellement, qu'il ne fallait pas trop sacrifier à cet intérêt, tant d'autres soins étant réclamés ailleurs; était ennemi de lui-même ou incapable de rien comprendre quiconque n'entrait pas en plein dans l'idée qu'un champ de foire était pour la commune le premier bien à atteindre.

Qui poussait à ce mouvement? l'aubergiste lui-même, adjoint du Maire, lequel beau-père de son fils. Par lui se propageait électriquement, car il est très-communicatif et très-nerveux, cette idée que plusieurs servaient en sous-ordre, le plus souvent en aveugles.

Où était demandé le foirail? près de la maison de l'aubergiste, de manière que l'affluence ayant lieu devait se tourner surtout vers lui, de manière aussi que sa résidence acquérant de l'extension et de nouveaux abords, acquérait un nouveau prix.

Cependant cette question, envisagée de diverses manières, soumise aux épreuves légales devant précéder l'expropriation pour cause d'utilité publique, nous montrait sur les lieux un côté faible, je crois pouvoir dire tout son fond dans les excitations et le tumulte qu'elle entraînait. Par elle nos divisions s'étant de plus en plus accrues, un fait d'un ordre nouveau pouvait seul tempérer dans leur ardeur et emmener à réfléchir ceux qu'exaltait l'idée qu'ils ne sauraient être utilement contrariés dans tout projet conçu, toute marche adoptée.

Quand une commune a perdu la voie d'un développement

normal, rien ne le prouve mieux que l'impossibilité de traiter aucune question dans le calme. Là tout s'appauvrit, se consume en récriminations, en vaines paroles, dont il ne reste plus tard autre chose que des regrets. Et, dans ce cas, ramener dans une voie régulière, c'est-à-dire pacifier, est toujours la première condition à remplir pour quiconque prend à cœur les vrais intérêts de cette commune.

Mais qui pourra soulever le voile qui cache d'ordinaire à l'autorité départementale la vraie cause d'interminables conflits? Un homme de la localité, qui parle, paraît toujours s'inspirer de sa part de passion. Un étranger à cette localité aura beaucoup de peine à expliquer par quel enchaînement de circonstances la situation a acquis tout le développement qu'elle offre.

Si je me hasarde à soulever ce voile, c'est en me faisant l'organe de ce que j'ai rencontré autour de moi de plus moral, espérant que le titre de maire, que j'ai porté longtemps là où règne aujourd'hui tant d'agitation, quand tant de monde ne voudrait que paix, s'il n'est une recommandation en ma faveur, ne sera pas une cause de trop grande méfiance à mon égard.

Toute lutte parmi les hommes appartient à quelque principe, qui demeure inaperçu, tant qu'on n'en fait point l'étude. Au-dessus des divers mouvements des hommes sont les lois de ces mouvements, qu'habituellement ils ignorent, de manière à n'être le plus souvent que les organes d'une idée, qu'ayant adoptée une première fois ils suivent plus tard en esclaves.

Les adversaires qui se sont montrés autour de moi, à hostilité habituellement cachée, souvent équivoque, ne sont que les organes de cette idée qu'ils servent tout en déplorant un entraînement auquel ils voudraient n'avoir pas à obéir.

Les communes rurales, comme les centres les plus éclairés, vivent agitées soit par l'influence du bien soit par celle du mal. Partout la vie s'accomplit, se développe aux mêmes titres, mais sous des formes différentes. Partout l'homme acquiert de la grandeur ou se dégrade, suivant l'ordre d'idées qu'il adopte. Sans doute, ici les questions agitées se réduisent à des proportions bien minimes ; nulle grande question n'y est comprise ; on y suit habituellement la végétation dans toutes ses phases, s'attristant, s'épanouissant avec elle, heureux ou malheureux, suivant l'état atmosphérique favorable ou contraire à la production attendue. Mais si une question, ayant un côté moral, surgit, ne croyez pas qu'on ne s'anime et que l'idée que contient cette question, ne soit servie par les uns, attaquée par les autres. Un petit nombre découvre le fond de la situation, qui demande à être montrée en son entier pour quiconque voudra, loin de là, parfaitement comprendre.

Un certain instinct pousse donc tantôt vers le bien, tantôt vers le mal les habitants des communes rurales ; voilà pourquoi interrogés sur ces tendances, si rarement ils seront habiles à en dire toute l'origine, si rarement, seuls ils s'expliqueront assez clairement pour que tout soit éclairé par des dépositions sur la foi desquelles il semblait si simple de pouvoir se baser.

J'expliquerai pour tous cette origine sur laquelle peu de dissidence avec moi sera rencontrée, je désirerais qu'on en fît l'essai.

Deux idées luttaient, il y a quelque temps dans ces murs où la paix n'avait encore cessé de répandre ses charmes, l'une représentée par un homme qui a joué un rôle dans notre département et que le hasard conduisit temporairement au milieu de nous, l'autre par moi. Je servais le principe sur lequel repose tout ordre social et moral; mon antagoniste, sans s'inquiéter de ces rapports, cherchant tout en lui-même, croyait trouver là le type du bien, déclarant tout bon ou mauvais, d'après cette règle de jugement que je m'efforçais de lui montrer comme n'emmenant que des ruines.

Sept ans nous marchâmes ainsi sans trop de bruit. N'ayant pu nous accorder sur un point tout moral, il fallut, à mon grand regret, consentir à régler par les armes ce que la parole n'avait pu régler à elle seule. Notre campagne commença en 1852. Chacun de nous eut ses troupes respectives du sein desquelles il ne pouvait sortir ni des boulets, ni des balles, mais des votes aux élections municipales et des signatures sur des pétitions au pouvoir départemental.

De notre première bataille dépendait l'avenir de notre localité. Mon adversaire le comprit et manœuvra avec des ruses inconnues. Deux noms étaient surtout en lutte; le sien arriva le dixième, c'était celui du maire actuel; celui que je protégeais arriva le onzième, ce qui l'excluait du conseil communal. Insignifiant en lui-même, ce premier échec fut cause de tous nos malheurs, je veux dire désharmonisa tout au milieu de nous.

Dans le nouveau conseil il n'y avait cependant que deux noms que je n'eusse point adoptés; aussi la majorité ne me manqua-t-elle jamais. Mais là mon influence toujours

maintenue se trouvait contrariée ailleurs par une inces-
sante guerre que formulaient des pétitions et d'incroyables
dénonciations faites tantôt de vive voix, tantôt dans de
savants écrits. J'eus pendant deux ans et demi à endu-
rer un feu de pétitions et de démarches que j'apprenais
d'ordinaire indirectement et qui n'en minaient pas moins
la confiance dont m'avait toujours honoré l'autorité départementale.

Comme j'étais peu ému au milieu de pareilles attaques,
on alla un jour, pour essayer de m'ébranler, jusqu'à jouer,
à titre de scène comique, la scène plus grave du serment
du jeu de paume. A quelques membres de l'assemblée
voulant délibérer sans moi j'opposai la loi, mes droits, mes
intentions et demeurai, non sans quelque peine, maître
du terrain.

Il y avait du vertige dans l'opposition qui m'était faite,
quelque chose d'irrégulier et d'aveugle dont on a peine à
se faire idée ; mais les trois qui en étaient la partie active
poursuivaient chacun un but particulier en servant une idée
hostile. L'un voulait un pouvoir déposé dans mes mains,
qui avait honteusement échappé aux siennes il y avait
quelques années ; l'autre voulait un maire de son choix,
un homme suivant ses mœurs et ses idées ; le troisième.
le plus civilisé des trois, ne voulait que la haute influence,
deux hommes administrant la commune selon ses désirs.
Tous trois, sous des formes souvent bienveillantes à mon
égard, m'honorant souvent de leur bouche, probablement
de leur cœur, ne poursuivaient qu'un but, l'effacement de
toute action de ma part sur la direction des affaires communales qui semblait leur revenir de droit, malgré leur
peu d'aptitude connue, les habitudes de leur vie leur
enlevant toute possibilité d'initiative dans une voie pareille,

consentant, dans l'ardeur qui les dévorait, au rôle humiliant de tendre habituellement la main devant quiconque, d'une intelligence meilleure, voudrait bien suppléer à ce qu'ils reconnaissaient leur manquer.

Cependant au bruit que nous faisons ; M. Gavini, préfet alors, arrive au milieu de nous. — De quoi donc est-il question ici, Messieurs, nous dit-il ? mes bureaux ne cessent de retentir de vos demandes ou de vos plaintes : cette commune m'occupe plus que six autres.

Dans cette réunion autour de M. le Préfet, de toutes les notabilités communales est exhibé un redoutable écrit couvert de cinq signatures, où je suis traité comme le dernier des hommes. Je prouve que tout est faux. En face de moi ces adversaires n'ont pas un mot pour justifier ces expressions que je flétris en toute liberté.

Mais M. Gavini fait sur un autre point une concession dont il ne vit point la portée, qu'il jette sans doute comme moyen de calmer cette effervescence dont il ne pouvait comprendre le secret et qui devient une prime d'encouragement donnée à l'esprit de révolte qu'on excitait ailleurs contre moi.

Cette concession maintint la lutte.

Je succombais dans une question de moralité publique que M. le Préfet n'aurait pas vue autrement que moi s'il l'avait considérée de près, question où la raison était tellement de mon côté qu'il fallait ou une dégradation particulière ou quelque chose de barbare dans l'âme pour l'avoir soulevée.

Sorti vainqueur de ces épreuves, réhabilité auprès de l'autorité départementale, au conseil le souvenir de la honte donnée à subir à d'imprudents agresseurs restant encore, je ne pouvais m'attendre à être dépouillé de toute confiance au point de ne pas me laisser même l'honneur de me démettre librement de fonctions auxquelles il semblait que le défaut de rétribution attachait un cachet particulier qui faisait qu'on ne pouvait en dépouiller sans honneur, l'honneur étant ici la seule monnaie dont on les payait.

D'autre part, ces fonctions ne m'apparaissant que comme un poids qu'il était permis d'accepter avec résignation, mais non de désirer, je me gardai de toute démarche dont le but étant de renseigner plus amplement encore l'autorité départementale eût été soupçonné contenir celui de raffermir la confiance que je croyais avoir une fois suffisamment conquise.

Autant je m'effaçais, autant d'autres briguaient l'honneur d'une charge pour moi dédaignée du moment que je ne pouvais trouver là un moyen de produire quelque bien.

Je fus donc frappé, sans avoir à me défendre, sans en connaître officiellement le motif.

Ce fait ne fut pas jugé sans gravité. Quand au milieu d'hommes attachés à la charrue, un d'eux est pris et qu'on lui dit : Administrez une commune à la place de celui qui, bien que dégagé du poids qui ne peut que rendre en vous la direction des affaires communales difficile, a démérité à nos yeux au point de ne pouvoir, malgré ses douze ans d'administration et du service le plus gratuit, soutenir avec vous un parallèle de valeur, élevant l'un, on abaisse l'autre de manière à produire une impression qui ne peut être que profonde.

Il y avait là plus qu'un nom substitué à un autre ; c'était une influence nouvelle substituée à une influence à laquelle toute la commune et en dernier au moins la partie la plus morale n'avait cessé de se rattacher.

Ce nouvel ordre d'idées, il y avait à le faire sanctionner par le peuple aux élections municipales. Pour
solenniser cet acte, on crut devoir appeler la gendarme-
rie du canton. Elle vint imprimer à l'autorité naissante
un éclat, une spécialité de caractère qui devaient en
imposer à tout mauvais vouloir qu'on pouvait supposer
animer la partie de la population vaincue et qu'on ne
pouvait croire encore ralliée. Tout fut calme, ne pouvait
être que calme, tout fit place à l'intrigue.

Or, pendant qu'à la préfecture j'étais un homme dés-
honoré, croyez-le, dans la localité on m'attaquait tout
autrement : *je n'étais pas favorable à l'établissement de
foires et de marchés au chef-lieu de la commune; à peine
assis, le pouvoir nouveau allait donner à cette question un
essor immense qui allait tout régénérer parmi nous.*

Là le grand argument à l'aide duquel la guerre se
faisait contre mon nom et celui de mes amis. On ne pre-
nait ainsi que les plus simples; mais l'entente formée
pour donner à cette calomnie l'apparence d'une vérité
pouvait en imposer à un assez grand nombre. Conçoit-
on dans une commune rurale une organisation formée
pour mentir? C'est cette entente que nous avons vue,
que je dévoilai publiquement à M. Gavini et à laquelle je
conçois qu'à une certaine distance on se refuse à croire.

Le langage changeait avec les besoins, visant toujours
au même but : gagner la faveur de celui à qui l'on par-
lait. Ailleurs, à la préfecture surtout, on disait : *il a
acheté au nom de la commune une maison pour être con-
vertie en mairie et en maison d'école, et aujourd'hui il
ne veut plus s'en dessaisir.*

J'expliquai à M. le Préfet tout ce qu'avait d'odieux,
d'infernal un pareil langage. Acquéreur d'une maison

dans la pensée déclarée hautement d'en faire une mairie et maison d'école, me dévouant en l'acquérant moi-même, je me trouvai en présence des difficultés qu'il y avait pour faire accepter sous quelque forme cette acquisition par l'administration départementale. Cette maison étant informe et manquant d'appropriation au but auquel elle était destinée, il fut arrêté que pour simplifier notre marche, nous présenterions le vote d'une certaine somme en vue d'une construction dont nous fîmes dresser le plan, puis que nous convertirions la construction en acquisition. Un vote de 2,100 fr. fut fait, nous conformant au plan dressé ; mais il fallut ajouter, une erreur ayant été commise dans une première évaluation de dépenses à faire et nous soumettre à un impôt de 3,400 fr., condition indispensable pour être agréés auprès du gouvernement et avoir quelque part à sa munificence.

Ce vote de 3,400 francs ayant paru énorme, voici ce qui fut décidé le 20 mai 1852.

L'autorité diocésaine demandait instamment qu'un presbytère fût construit à côté de l'église, disposition adoptée dans toutes les communes rurales, convenance consacrée comme loi, par ce qui se voit en tout lieu et que l'on conçoit, le prêtre étant à la campagne le seul gardien naturel qu'a l'église ; tout devant d'ailleurs concourir à faciliter un ministère à effets si importants.

D'autre part, nous avions de l'État une subvention annuelle de 100 francs pour payement de location d'une maison servant provisoirement de mairie et de maison d'école, ce qui rendait au point de vue de l'économie la solution de la question relative à la maison commune moins pressante.

Nous décidâmes donc à l'unanimité, le conseil étant

joint aux plus fort imposés, nous décidâmes, dis-je, que nous ajournerions cette question pour ne nous préoccuper que de la construction d'un presbytère, l'habitation attribuée au pasteur, par son isolement et sa distance du chef-lieu de la commune et de l'église, nous paraissant être un provisoire dont il était urgent de sortir.

Le 22 mai 1853, j'apportai toute pièce à produire, élaborée. Il fallait voter 3,000 francs qui, joints aux matériaux du presbytère actuel, à la vente de l'emplacement de cet édifice et à un don que nous espérions du gouvernement, formaient une somme à l'aide de laquelle pouvait se construire l'édifice le plus digne.

On me dira : il y a loin du 20 mai 1852 au 22 mai 1853 ? je répondrai : il y avait à obtenir un travail d'architecte qui m'arriva avec les lenteurs que j'offris moi-même.

Le vote de 3,000 francs fut obtenu, mais non sans difficulté. On n'objectait pas qu'on voulait une maison-commune avant tout ; un des plus ardents dans l'opposition qui me fut faite n'eut d'autre argument que celui-ci : *la commune est trop pauvre pour être imposée.* C'est le maire actuel qui, à peine revêtu de ses pouvoirs, a vivement poussé à une imposition communale dépassant 5,000 francs, bien entendu en dehors de la réparation que l'autorité diocésaine lui a réclamée comme à moi, ce qui retarde indéfiniment ce travail, la commune ne payant que 2,180 francs d'impôt foncier.

Ailleurs, l'argument contre ma proposition était celui-ci : *M. le curé est mieux logé que moi ; il peut se contenter de ce qu'il a.*

Mais à de premières longueurs en succédèrent d'autres. Comme nous avions un impôt à répartir sur toute une paroisse, il arriva que les limites tracées entre cette paroisse et celles limitrophes n'ayant jamais été exactement tracées, il y eut ce travail à faire avant de pouvoir arriver à l'application de l'impôt voté.

Or, ce travail fut long, moins de notre part que de celle des autorités qui eurent à intervenir, des ingénieurs ayant un nouveau plan à chercher et de celle de l'autorité souveraine ayant à tout sanctionner. Je me retirai ayant mené à très-bonne fin, quant à ce qui me concernait, cette œuvre à laquelle j'attachais d'autant plus d'importance qu'elle était une première condition à remplir pour qu'un prêtre, dans des rapports plus habituels, fût appelé à régénérer une localité qui contenait en elle des passions dont la violence ne pouvait reposer que sur un fond dégradé. J'apercevais dans l'immoralité marchant de pair avec nos dissentiments le plus grand ennemi à combattre ; et c'était à ce point de vue que je me plaçais, en voulant compléter la position de l'administrateur ecclésiastique, pouvant, sans inconvénient, laisser à l'état de provisoire celle de l'instituteur et de l'administrateur communal.

Ma conduite ne put qu'être parfaitement comprise ; je l'avais si amplement expliquée ! Mais on en dénatura le sens.

Sourdement attaqué au sujet de la maison acquise, un jour au conseil municipal je veux donner des explications nouvelles, ouvrant la voie à toute attaque. Comme j'énonçais ce qui allait être traité, deux membres s'échappaient du milieu de nous, c'était le maire et l'adjoint actuels, les deux pour lesquels surtout j'avais à m'expliquer. Six autres membres m'entendirent étalant au long tout ce qui rentrait dans une question pareille , et comme je ne pouvais mieux les satisfaire sur tous les points : *vous nous en dites trop,* me dirent-ils unanimement ; *nous ne pourrons mettre en doute votre bonne foi , après des explications si claires.*

J'ai raconté la visite si obligeante de M. Gavini , venant au milieu de nous voir de près le volcan dont les éruptions l'importunaient lui-même. Je crus avoir assez dit pour lui montrer le vrai côté de la situation. Il ne put que la comprendre ; mais au lieu d'en attaquer le fond , il se renferma dans des palliatifs.

Nos luttes se maintinrent au milieu d'un calme apparent. Nous verrons, plus tard , sous quelle influence principale fut continué ce travail désorganisateur.

Les élections municipales , faites sous le coup d'un ancien pouvoir relevé, d'une déchéance que je subissais , que chacun expliquait à sa manière , mais dont le fait retombait si évidemment sur moi, emmenèrent sept noms pour le pouvoir créé, deux pour moi entré au premier tour, à mon étonnement en vue des manœuvres et de l'entente que j'avais eu à subir. — Le pouvoir avait sa base. On fêta cet évènement par un banquet, dont les frais furent faits par les nouveaux élus. Qui voulut en eut sa part. On ne s'occupait pas du choix, mais du nombre des convives. Ce banquet appartenait naturellement à quiconque avait payé d'un suffrage. Des danses, des plantations de mai complétèrent ces expansions de joie qu'on s'efforça vainement de rendre générales, qui trouvèrent beaucoup de monde insensible, qui furent frappées d'un sceau malheureux : l'éloignement qu'elles inspiraient à ce que la localité contenait de plus digne.

Pour quiconque a l'habitude de rattacher chaque

observation à ce qui s'observe ailleurs, de ne jamais s'oublier dans un détail, de chercher toujours un ensemble, je veux dire la loi qui préside à tous nos mouvements sur quelque point que ce soit, il y avait un rapprochement à faire entre cette exaltation d'un petit nombre et le débordement de passions aveugles qui faillirent inonder la France en 1848. Ce fut ici comme sur plus grand théâtre toutes les passions réunies envahissant le sommet d'une société perdant ses anciennes bases, tout cela avec un bruit indiquant une conquête, lorsqu'on ne pouvait se dire ce qui avait été réellement conquis.

Rien cependant de longtemps ne troubla l'harmonie qui devait exister entre le nouveau maire et ses administrés. J'avais, on ne pourra le contester, donné le premier l'exemple de cet accord, lorsque, à l'installation de ce nouvel administrateur, j'avais promis de servir les intérêts de la commune comme toujours, d'être insensible à toute passion, de n'avoir aucun regret d'une élévation perdue et avais offert mon concours en quoi que ce fût, tant que ce concours serait jugé utile.

Ainsi nous marchâmes quelques jours. On ne pourra manquer de dire qu'il y a aujourd'hui ensemble parmi nous, me disait un jeune habitant de la commune étonné de me voir accorder au nouveau pouvoir un concours si bienveillant.

Mon intention était de me venger ainsi de celui qui un jour demeura seul implacable ennemi de mon administration formée, puis ne cessa de travailler ostensiblement à m'en dépouiller pour s'en revêtir lui-même. Cet exemple, je le lui devais ; c'était la seule vengeance que je comprenais. — Mais une occasion survint qui m'imposa une nouvelle allure.

A la session du conseil municipal de février 1856, nous avions eu à classer les chemins communaux, à les déclarer publics ou affectés à des services particuliers. Un de ces chemins classé public dans cette séance est déclassé peu de jours après, c'est-à-dire est déclaré particulier, bien que le contraire ait été reconnu dans une délibération prise à l'unanimité et signée. Celui qui avait sollicité et obtenu la faveur de cette correction s'en ouvrit à moi innocemment, ajoutant que le maire lui avait dit, que *j'étais la cause du premier classement, qu'on avait accordé à mes insistances*. Il se formait une inimitié contre moi ; j'ai à démontrer qu'elle est sans fondement, ce que je fais en sollicitant de la part de l'administrateur communal des explications que je ne puis obtenir, et dont le défaut prouve le peu de loyauté de l'attaque et me blanchit complètement.

Le fait d'une correction faite à une délibération signée est une de ces énormités que l'on ne conçoit pas là où la légalité est appliquée avec rigueur; mais dans les conditions où nous nous trouvions, je l'aurais certainement excusée s'il n'y avait eu un calcul évident contre moi là où je ne pouvais souffrir d'être atteint sans me redresser. L'instituteur avait eu beau montrer la gravité en principe d'un pareil acte, quelque indifférent qu'il pût être en lui-même, le Maire avait passé outre, quoique sachant par lui que j'étais instruit du projet d'une pareille licence que je réprouvais vivement.

Au mois d'avril dénonciation, comme ayant dégradé un chemin rural, à M. le Préfet, dont l'avis est que je sois condamné à le réparer dans un délai de quinze jours sous peine d'être traduit en simple police.

Je dénonce moi-même le fait de cette dénonciation,

comme entachée de fausseté et de passion, à M. le Préfet qui provoque une délibération du conseil municipal sur le fait dont je suis accusé. Les sept membres de ce conseil approuvent au fond l'autorité locale. A la suite de cette délibération arrive un arrêté, pris par cette autorité, que M. le Préfet sanctionne.

Mis de nouveau en demeure de réparer, j'adresse une nouvelle plainte à l'Administrateur départemental qui, longtemps après l'expiration du délai accordé pour la réparation, provoque une enquête du commissaire de police et de l'agent-voyer cantonnaux qui, examen fait des lieux, ne peuvent attaquer ma conduite et forcent le Maire à convenir qu'il a été hors de la vérité dans les allégations énoncées contre moi.

Ayant fait, le 8 janvier 1856, un accord avec l'administration des ponts-et-chaussées pour la construction d'un mur de clôture le long d'un enclos, cet accord n'a pu être sanctionné que le 26 janvier 1857, et voici pourquoi :

Le 24 janvier 1856, le Maire et la partie du conseil qui adhère à lui avaient formé une demande tendant à faire couper cet accord pour le motif que là où je voulais élever le mur devait être bientôt l'emplacement d'un foirail. Le conseil, disait-on, s'était plusieurs fois entendu là-dessus et mon enclos avait toujours paru être le point le plus convenable pour un emplacement de ce genre.

Je ne cessais de demander la réalisation des engagements pris, et on ne cessait de me répondre : le conseil municipal de votre commune s'y oppose.

Comme deux de mes collègues et moi au conseil municipal n'avions pris part à aucun acte pouvant entraver la marche de cette affaire, je répondais qu'il y avait un malentendu que je ne pouvais m'expliquer.

Cependant le 18 mai, ayant en séance du conseil demandé compte à M. le Maire d'une position pareille, il m'affirma que lui et ses amis du conseil étaient étrangers aux difficultés que je rencontrais.

Mais en septembre 1856, pour excuser les lenteurs que j'éprouvais, on m'exhiba une correspondance où je pus voir l'action cachée que le Maire de la commune, aidé de quelques conseillers, avait exercé dans la solution que j'attendais.

J'arrive à une question plus grave. Au mois d'août 1856, le Maire s'adressant à moi ouvre ainsi une séance du conseil municipal : voulez-vous nous céder une partie de votre enclos là où il avoisine le plus le bourg pour y établir un champ de foire? Il me paraît, Monsieur le Maire, répondis-je, que vous ne pouviez procéder ainsi. Cherchons d'abord s'il est opportun de former un champ de foire, et si la question est résolue affirmativement, demandons-nous quel emplacement serait le meilleur pour cela. Choisissons entre plusieurs plans offerts, et s'il y a à traiter sur l'un d'eux avec moi, conférons là-dessus en tête-à-tête avant d'en parler publiquement. — Opportunité d'un foirail, choix de l'emplament, tout est calculé ; voulez-vous oui ou non nous céder ce que je vous demande? — Je ne puis rien répondre. Là-dessus on appelle l'instituteur pour qu'il rédige une délibération. Mais ce travail paraissant devoir être un peu long, on le rédigera ailleurs et on en donnera lecture le dimanche d'après.

Ce jour-là, le Maire ouvre la séance en donnant lecture d'une délibération rédigée hors la commune dans laquelle, ne tenant aucun compte de ce qui s'est réellement passé, l'auteur me fait dire que j'ai déclaré *ne vouloir céder à aucun prix* la terre demandée, ce qui ne laisse à l'administration locale qu'une voie pour l'obtenir, celle de l'expropriation pour cause d'utilité publique.

Je proteste contre les expressions qu'on m'attribue si gratuitement dans cette délibération, ce qui n'empêche pas six signatures et celle du Maire d'être apposées là-dessus. *Vous signez à faux*, Messieurs, m'écriai-je plusieurs fois ! Pour prouver que nous signons à faux, dit un membre du conseil, déclarez que vous cédez le terrain. — Je déclare de plus en plus, dis-je alors, que je proteste contre la manière dont vous procédez, que je ne pourrai m'empêcher de faire connaître à l'autorité supérieure.

Trois d'entre nous protestons, en effet, contre la déloyauté avec laquelle on a agi en cette circonstance, dans une lettre adressée à M. le Préfet, à la date du 31 août et remise de nos propres mains à M. le Secrétaire général de la Préfecture.

Nulle réponse n'est faite, mais nous savons à ne pouvoir en douter, que M. le Préfet, dans une lettre du 10 octobre, a demandé au Maire de la commune de soumettre notre protestation au conseil municipal et de lui transmettre l'impression que ce conseil en aura ressentie. Nous savons aussi, mais sans pouvoir l'affirmer d'une manière aussi absolue, ceci n'étant qu'un bruit public, que le Maire réunit ses amis du conseil municipal et répondit après avoir conféré avec eux seuls au lieu d'interroger légalement le conseil là-dessus.

Le 1ᵉʳ mars dernier, n'ayant encore rien su d'une démarche si grave en elle-même, je rappelle au Maire, en séance du conseil municipal réuni aux plus haut cotisés, je rappelle, dis-je, notre protestation du 31 août, en fais l'analyse et demande qu'on m'explique comment on a pu laisser passer inaperçu un fait de cette nature. Je ne fais naître aucune émotion et obtiens de M. le Maire cette paisible réponse : J'ai répondu moi seul.

Le 17 mai, dans une réuion municipale où se trouvaient aussi les plus haut cotisés, j'ai à me plaindre d'une délibération du 5 mai à laquelle je n'ai pu prendre part n'ayant pas été convoqué, où je suis nommé et injurié, dans laquelle se montrent des faussetés et une passion dignes des temps les plus sinistres. On me répond de manière à me prouver qu'on a à peine compris ce que l'on a signé, le Secrétaire du conseil et un des principaux de cette assemblée ajoutant : *Que serait-ce si nous avions tout mis !*

Retiré vers une embrasure de croisée comme la séance touchait à sa fin, je m'entretenais avec un membre du conseil en rapport de sentiments avec moi et lui disais en tête-à-tête : Quelle pitié ! ils signent une fois sans savoir ce qu'ils font, une autre à faux !

Un conseiller municipal placé près de nous ayant entendu ces derniers mots, s'écrie : Si nous signons à faux nous sommes de mauvais sujets. — Je ne prétends pas cela, lui dis-je, je parle d'un faux d'une certaine espèce, je ne rappelle que cette approbation donnée à une délibération où vous me faisiez tenir un langage que vous saviez que je n'avais pas tenu ; et j'en produisis une copie que j'avais avec moi, déclarant que je faisais simplement allusion à un fait dénoncé à M. le Préfet par trois d'entre nous, et sur lequel on ne nous avait encore rien fait savoir. Un procès-verbal ! un procès-verbal ! s'écria comme je parlais un membre du conseil, juste celui qui ne savait signer. Il se plaint plus haut qu'aucun autre comme ayant été traité de faussaire. Chacun s'anime sans savoir quelles expressions ont émané de ma bouche, suivant le mouvement donné par un seul.

J'entends un membre, plus distingué par la fortune que par les sentiments et le savoir, qui déclare, au milieu de blasphèmes, *qu'il mangera là dix mille francs s'il faut.*

Le Maire un peu interdit se soumet à faire écrire un procès-verbal que ses amis signent à l'envie : j'avais proposé de le dicter. L'instituteur, sans savoir ce qui s'est passé, m'ayant invité à retirer mes paroles, je lui réponds : Quelles paroles retirer? J'ai rappelé un fait sans injurier. Ce que j'ai exprimé, je ne puis que le maintenir; je l'ai d'ailleurs écrit et ai demandé une réponse que j'attends encore. Mais celui qui avait le premier demandé le procès-verbal, disait bien haut : Nous ne voulons pas qu'il retire ses paroles.

Je propose d'ajouter au procès-verbal mes explications qu'on ne veut point admettre.

Je demeure impassible et plein de pitié pour un pareil vertige. A dessein je reste, le Maire et l'Adjoint étant sortis, avec trois de mes *fougueux* adversaires. Je pus m'entretenir avec eux comme si rien n'en était, les ramener à mes idées, à mes principes, dans une paix parfaite ; et ce bon accord ne dura pas moins d'une heure.

Voilà les hommes qu'aujourd'hui une sorte de fatalité conduit, et qui réduits à eux-mêmes demeurent sans argument et sans voix.

Le 9 juin j'avais l'honneur d'être chez M. le Préfet, lui demandant un examen sérieux d'une affaire où je serais victime si sa justice ne venait à mon secours; je veux parler du champ de foire, qui ne pourrait être établi comme on prétend le faire sans me causer un dérangement notable, à part la vileté du prix d'indemnité offert sur le rapport d'un estimateur, cousin-germain du Maire, me faisant fort de prouver qu'on a sacrifié à un intérêt particulier dans le choix qu'on a fait du terrain, et offrant de m'entendre pour arriver à servir l'intérêt général sans attenter à ce point au mien. M. le Préfet me ramène vertement à mon inconduite au conseil municipal qui complique de plus en plus mes rapports avec l'administration départementale, ne pouvant s'empêcher de m'avouer qu'il lui a été dit dans la journée même que *j'étais loin d'être un homme honorable.*

J'accepte sans me plaindre la sévérité de ce jugement.

M. le Préfet me montra, comme pouvant m'émouvoir, la perspective de la police correctionnelle où allait m'emmener le besoin qui me dominait de ne répandre que tumulte autour de moi. Je répondis que cette épreuve pouvant me réhabiliter et auprès de lui et auprès de l'aministration, je devais la désirer plutôt que la craindre.

Vous avez, dit M. le Préfet, traité le conseil municipal de *voleur, de faussaire ; trois fois invité à retirer ces expressions, trois fois vous avez déclaré les maintenir.*

Si je m'étais permis des expressions pareilles, je n'aurais plus qu'un soin, celui de me les faire pardonner, répondis-je. Je déclare être accusé à faux ; je ne puis parler autrement.

L'épreuve de la police correctionnelle ayant été vainement attendue jusqu'à ce jour, je crois devoir lui en substituer une autre non moins grave en même temps que je m'éloigne d'une enceinte où pendant deux ans, apte plus que personne à me mettre à la portée de chacun, par suite de mes relations journalières, j'ai vainement plaidé la cause du respect pour tous et de l'indépendance de la pensée au milieu de tout sentiment qui l'entraine.

Je semble, par cet acte, livrer mieux que jamais le conseil à je ne sais quelle influence étrangère d'où ne me paraît pouvoir résulter pour nous aucun bien réel.

Mais si j'ai renoncé à la lutte là où elle était le plus légitime, je montre qu'ailleurs mon dévouement se produit sous une forme où je n'ai plus à craindre des travestissements odieux.

Telle est la situation où nous a conduit un homme qui ne séjourna que quelques jours au milieu de nous, mais assez long-temps pour y semer ses principes, nous laissant le soin d'en effacer péniblement la trace.

Expressions de ses sentiments et de ses principes, mes adversaires d'aujourd'hui, les meilleurs amis qu'il eût pour la plupart, ces hommes seuls ne rendraient aucun compte de la situation de violence créée, si je n'avais montré de quelles idées ils avaient consenti à être les agents.

Nos troubles ont commencé à cet homme aujourd'hui sans action sur nous, mais qui a remis son rôle en d'autres mains.

A cette influence d'assez ancienne date s'en ajoute une autre. Sans importance en elle-même, notre localité contient certains éléments que tout le monde ne dédaigne pas, ce sont des votes pour le conseil général.

Or, ces votes qu'on recherche n'arrivent pas gratuitement ; il y a réciprocité de dons à faire. De là cette tutelle que rencontrent en dehors de la commune des hommes qui engagent leur vote en échange d'un appui, d'une faveur à obtenir. De là cet élément étranger, insaisissable, qui incessamment agit au milieu de nous et qui, n'obéissant qu'à l'impulsion du petit nombre, incessamment nous divise, incessamment nous consume.

J'ai jusqu'ici passé sous silence une cause de dissolution plus grave encore.

Quand une commune est violemment troublée, il ne faut jamais chercher la cause de ce trouble dans les rangs inférieurs ; ce n'est qu'en haut que la cause se trouve. Je ne sais pourquoi on ne voit pas tout administrateur allant ainsi directement à la source de toute révolution qu'il cherche à éteindre.

Tout le monde le sait, dans les communes rurales quel est le pouvoir le plus haut placé, le plus redouté, le plus influent ? C'est incontestablement celui du pasteur.

Celui qui commença cette guerre, dont nous récoltons journellement les tristes fruits, le savait très-bien, lorsque, ne voulant pas s'exposer à inutilement combattre, il eut l'habileté d'associer le pasteur à sa lutte.

Les trois hommes dont j'ai parlé voulaient se partager l'influence dans la commune, le pasteur voulait ajouter à son pouvoir le privilége de n'avoir à côté de lui aucune influence pouvant balancer la sienne, dans tout projet de réparation conçu à l'égard du corps matériel de l'église, être là sans contrôle, sans avoir même de conseil à entendre. Il ne pouvait plus long-temps supporter les conditions qu'imposent la loi et la raison ; il lui fallait une latitude nouvelle.

Je voulais que l'art, comme une loi divine, envahît l'édifice qui n'était la propriété d'aucun de nous, le ramenât tout entier à sa destination, à son origine ; je voulais que rien ne fût livré au hasard, que tout fût mûri dans l'étude et la science avant de se produire au peuple, qu'il y avait non à charmer mais à améliorer. Travailler dans ce sens n'était pas un droit dont je me prévalais, mais un devoir que je croyais remplir.

Sans aller si loin, le pasteur voyait là comme un trône, où sa volonté devait régner en souveraine, se croyant le droit d'imprimer partout sa pensée propre, ne doutant pas de se rencontrer fort heureusement avec le vrai et le beau dans une voie que je jugeais ne pouvoir être que ruineuse et pleine de mécomptes.

Chacun servant son intérêt propre, servait ainsi un intérêt supérieur auquel il aboutissait dans une parfaite entente. Chacun visait à s'agrandir en comprimant ailleurs, s'exposant à des répulsions sans prévoir qu'il serait peut-être difficile plus tard d'en faire justice.

Qui ne tend pas naturellement à s'agrandir? Qui ne supporte souvent avec quelque peine certaines limites où il y a à se contenir? Mais qui ne sait qu'il n'y a pas de bien à atteindre supérieur à la bonne harmonie établie entre les hommes, qu'à ce bien tout autre doit être sacrifié comme inférieur?

Les plus sages de la localité s'indignaient à la vue de cette conspiration se développant dans l'intimité avec un élément dont l'hétéréogénité montrait suffisamment de quel sentiment surtout elle s'animait.

Si cette entente porta ses fruits, ce ne fut dû qu'à la part qu'y prit le Pasteur; là fut le levier à l'aide duquel toute faveur fut gagnée.

J'ai dit le motif de mon immobilité dans des circonstances semblables. Après avoir suffisamment éclairé l'autorité de part et d'autre sur ce qui se passait réellement au milieu de nous, je crus devoir m'arrêter de peur qu'on m'accusât d'avoir fait un pas pour conserver une autorité qu'à aucun prix je ne voulais qu'on pût attribuer à quelque démarche obséquieuse. Je me tus, m'effaçai ; j'arrêtai même quelques principaux de la localité, voulant, dans la prévision de ma chute, aller réclamer pour moi auprès de M. le Préfet.

Que m'importe ma position dans la commune au point de vue administratif ? Favoriser le développement du bien, contrarier celui du mal, tel est l'office qui me revient toujours, telle est la part que nul ne pourra me contester et qui me suffit.

Quand ceux qui ont acquis aujourd'hui une certaine influence invoquent au loin tout ce qui peut agrandir cette influence, quand leur impuissance s'étaie de mille manières pour simuler une force réelle, m'est-il permis de refuser à quiconque vient à moi une part de protection et de défense contre tout danger, tout accident qui se montrent ?

Certes, ce n'est pas une petite épreuve pour moi qu'en m'efforçant de favoriser parmi nous l'action du vrai culte chrétien, je n'aie éprouvé que répulsions violentes de la part d'un des représentants de ce culte, que je n'aie pu avoir accès auprès de lui quand j'arrivais n'ayant que dons dans mes mains, que je sois ici surtout la victime de celui auquel j'ai pu porter le défi de formuler contre moi une plainte à laquelle me fut donné le droit de répondre.

Mon rôle difficile, qui n'attire sur moi que méfiance, je ne l'accepte que par résignation. Qui pourrait sincèrement croire à la recherche, dans les rangs où je me trouve, de quelque gloire ou de quelque satisfaction personnelle ?

Le partage en deux d'une localité qui ne pouvait trouver de vie, qui n'a prospéré que tant qu'a duré une parfaite entente, n'est ni factice ni calculé : un instinct social l'inspire heureusement à plusieurs parmi nous.

A qui la première part d'influence ? Est-ce au cabaret, à ce que l'emportement toujours domine, à ce qui ne se distingue point par la considération et le respect qui l'environnent, ou bien à la moralité jointe à une raison calme et libre, s'appuyant sur les sympathies du plus grand nombre et cherchant tout profit, toute gloire dans l'harmonie au sein de laquelle tout se vivifie, substituée à la confusion au sein de laquelle tout se dissout ?

Telle est la question toujours pendante parmi nous.

Pourquoi, une fois maîtresse du terrain, l'administration actuelle n'a-t-elle pas fait mille efforts pour gagner tout à elle ? Au lieu d'effacer les divisions, pourquoi n'a-t-elle semblé tendre qu'à les raviver ? L'Administrateur, quel qu'il soit, doit-il avoir un parti ? N'est-ce pas l'homme de tous, allant à tous et n'aspirant qu'à une chose, à être le centre qui rallie tout ?

Dépouillé de l'action qui lui était propre, tout est allé au pasteur auquel ont principalement profité les revirements éprouvés. Là le véritable vainqueur, le véritable dominateur au milieu des divisions qui nous consument. Aussi, dans une liberté sans limites, il peut désharmoniser au lieu d'édifier, ramener le culte aux expressions de son caractère au lieu de le montrer dans sa grandeur native, sans cesser de trouver à ses pieds quiconque dès le commencement associa son action à la sienne, tandis que ce qu'il y a parmi nous de plus intelligent et de plus moral, respectueux sans faiblesse, peint le sentiment qui l'anime dans la distance qui le sépare d'un ordre d'idées et de faits qu'il n'a pu reconnaître comme produits d'un culte divin.

Que ne peuvent accomplir les leçons du vrai culte catholique quand, dégagées de tout sentiment propre, elles ne revêtent que le principe même dont elles ont à tirer toute leur vie !

Au lieu de croire indigne de lui tout autre rôle que celui de pacificateur entre les partis, le Pasteur, de même que l'administrateur communal, en a embrassé un où, aux élections municipales, on le vit des plus ardents, répondant plus tard à deux personnes s'étonnant d'une pareille conduite, à l'une : Je n'envoyais pas là défendre les intérêts de l'église ; à l'autre : Je n'ai voulu que m'affermir contre toute contrariété à éprouver ; répudiant plus tard encore une alliance à liens si étroits et jusques dans la chaire par deux fois, sous une certaine forme, nous priant de ne point lui appliquer le principe : *Dis-moi qui tu fréquentes, je te dirai qui tu es.*

On le voyait enfin emmené par la force des choses à nous dire que dans l'église confiée à ses soins un sacrement auguste recevait tant d'outrages, qu'il n'y avait plus là d'édification pour lui, qu'on pourrait, dès-lors, aller ailleurs, où l'on voudrait, accomplir ces actes de la vie chrétienne.

Les désordres dont notre localité est le siége, il les reconnaissait, en donnait à l'occasion un tableau lugubre, non comme un père qui se croit responsable des défectuosités qu'il trouve en sa famille, se posant en censeur austère d'un état de choses auquel il semblait prendre d'autant moins de part qu'il l'attaquait plus violemment.

Voilà, sans contredit, de ces anomalies au milieu desquelles le mal ne peut que grandir. Si pour nous le culte catholique ne tendait qu'à pacifier et unir, si étranger à toutes nos misères, il allait à chacune d'elles, au nom de la charité et de la douceur, toute division cesserait à l'instant même ou tendrait au moins à s'affaiblir. On ne pourra concevoir la violence de nos luttes, si on les suppose soumises à une influence si essentiellement modératrice.

D'un autre côté, de quels sentiments pourraient s'animer des ennemis si ardents s'il n'y avait parmi eux autre chose que ce qui frappe au premier regard ?

S'il n'y avait une question de bien et de mal agitée, y aurait-il la violence d'une part, la résistance de l'autre qui se montrent ?

Nulle autre réalité n'apparaît, nulle autre réalité ne saurait être admise. Nous n'avons qu'un enfantement de cette lutte formée entre l'homme dont j'ai parlé et moi, au point de vue où je me suis placé, chacun ayant entraîné dans sa cause les sympathies qui lui revenaient.

Cette origine cachée pour quiconque n'a pas recherché le fond de cette situation se montre à quiconque a voulu la sonder.

Mais à cette lutte se mêlent des noms de notables éloignés de nous, mal renseignés ou mal inspirés, je ne veux ni les condamner ni les blanchir. Deux prêtres, qu'on peut considérer à la fois et comme étrangers et comme appartenant, à certains titres, à la localité, ont mis là leur poids : c'est certainement ce qui aggrave le plus cette situation, ce qui la rend le plus inextricable.

Nous ne sommes, nous, que nous-mêmes et pouvons nous glorifier de n'avoir accepté au milieu de nous aucun élément pouvant nous ramener ailleurs qu'à l'intérêt commun, patients dans nos désirs, fermes dans nos espérances, nous souvenant que le temps use tout ce qui est passionné ou frivole, nous retranchant derrière nos devoirs et nos droits, ne doutant pas que la vérité ne domine un jour et que nos efforts pour la rétablir ne soient jugés dans l'avenir tout autrement qu'ils l'ont été jusqu'à ce jour.

Je n'ai pu autrement parler pour remplir la tâche que je m'étais proposé de remplir : dégager une question s'obscurcissant de plus en plus au détriment d'une localité qu'une bonne entente pouvait élever aux développements les plus heureux.

Il a fallu ainsi parler ou me taire. Il y avait certain danger de part et d'autre. Je ne sais si j'ai fait le meilleur choix en faisant celui de parler.

Je laisse à quiconque me fait l'honneur de me lire le soin de décider si j'ai été sincère ou caché ; si j'ai voulu autre chose qu'éteindre des divisions, des luttes qui cesseront le jour où rien de ce qui les produit ne sera ignoré.

Terminant ce Mémoire, j'adressais à M. le Préfet du Lot les lignes suivantes :

Saint-Matré, 28 juillet 1857.

Monsieur le Préfet,

En conformité avec vos désirs, j'ai l'honneur de vous envoyer ma démission de membre du conseil municipal de la commune de Saint-Matré.

J'ai l'honneur d'être, avec un profond respect,

Monsieur le Préfet,

Votre très-humble administré,

DAVID,
Docteur en médecine.